Warum ist das so?

Wichtige Kinderfragen
Warum ist das so?

von
Sophie Furlaud
Jean-Charles Pettier

Aus dem Französischen von
Kristina Petersen

Mit Bildern von
Dorothée de Monfreid und Soledad Bravi

Gabriel

Jedes Kind ist ein Philosoph
Vorwort für die Erwachsenen

Kinder sind Philosophen »von Natur aus«.
So sagt es Jacques Lévine, der französische Psychoanalytiker und Begründer der Philosophie für Kinder.
Bereits Dreijährige beschäftigen sich mit den grundlegenden Fragen des Menschseins: »Wie ist es, tot zu sein?«, »Wo ist man, bevor man auf die Welt kommt?«, »Was macht uns glücklich?«.

Wir als Erwachsene können dieses spontane Philosophieren fördern, indem wir uns für solche Fragen offen zeigen und sie gemeinsam mit den Kindern diskutieren. So wie die vier Hauptpersonen in diesem Buch, Ringel, Puschel, Tatze und Wolf, die sich gegenseitig die Welt erklären. Jeder der vier Freunde steht für ein anderes Alter, jeder hat seinen besonderen Charakter, mit unterschiedlichen Wünschen, Enttäuschungen, Hoffnungen und Ängsten.

Das Jüngste ist Ringel: Das Schweinchen kommt gerade in den Kindergarten. Es ist äußerst neugierig und staunt immer sehr, wenn die anderen ihr Wissen weitergeben. Es ist aber schon so selbstbewusst, dass es auch gern sagt, was es selbst über ein Thema denkt.

Puschel, das Küken, ist etwas älter und sehr fantasievoll. Seine Vorschläge helfen den anderen oft dabei, eine Lösung zu finden. Tatze, die Katze, kommt schon in die Schule. Sie ist sehr vernünftig, ganz im Gegensatz zum gleichaltrigen Wolf, der sich nicht so gut in andere hineinversetzen kann und sich gern skeptisch gibt.

Dieses Buch versammelt einige der wichtigsten Fragen des Lebens und wurde gemeinsam von Philosophen, Pädagogen und Kinderbuchautoren entwickelt. Um die Gedanken und Gefühle der Kinder so authentisch wie möglich wiederzugeben, wurden zu diesen Fragen Gruppengespräche mit Kindern im Kindergarten- und Vorschulalter veranstaltet. Zitate von Philosophen, Schriftstellern und anderen Denkern und Sprichwörter mit Erklärungen vertiefen die Themen und laden die Kinder dazu ein, ganz eigene Antworten zu finden.

Inhalt

Was können nur Kinder?   12

Was ist ein gutes Geschenk?   20

Warum muss man sich anstrengen?   28

Was ist ein Freund?   36

Wozu sind Fehler gut?   44

Wozu braucht man einen Chef?   52

Warum lacht man andere aus?   60

Was ist ein Traum?   68

Was ist schön, was ist hässlich?   76

Wie wird man groß?   84

Was schmeckt und was schmeckt nicht?   92

Was macht uns glücklich?   100

Was ist gerecht? 108

Wie ist das, wenn man tot ist? 116

Wie kann man die Natur schützen? 124

Warum feiern wir? 132

Warum geht man zur Schule? 140

Wieso hat man manchmal Angst? 148

Wo ist man, bevor man auf die Welt kommt? 156

Warum muss man so oft auf etwas warten? 164

Was ist Verliebtsein? 172

Warum langweilt man sich ab und zu? 180

Wozu ist ein Wutanfall gut? 188

Was ist Denken? 196

Was können nur Kinder ?

Und was können Kinder,
was Erwachsene nicht können?

»Das Kind ist des Mannes Vater.«

William Wordsworth, englischer Dichter

Merkwürdiger Satz ...
Ist nicht eher der Erwachsene der Vater des Kindes?
Allerdings sind alle großen Leute einmal klein gewesen. Die Papas, die Omas, die Lehrerinnen – alle waren am Anfang Kinder!
Ist dann etwa alles, was man als Kind macht, wichtig für später, wenn man groß ist?

»Das Kind stellt die wahren Fragen.«

Jean-Paul Sartre, französischer Philosoph

Als Kind ist man neugierig, man möchte alles wissen. Als Kind stellt man viele Fragen: nach den kleinen Dingen des Alltags, nach den großen Dingen des Lebens, nach dem Tod. Alle diese Fragen sind wichtig. Und wenn man groß ist, stellt man sich dann keine wichtigen Fragen mehr?

»Man ist immer jemandes Kind.«
Pierre-Augustin Caron de Beaumarchais, französischer Schriftsteller

Wir stammen von unseren Eltern ab, von unseren Großeltern,
von unseren Urgroßeltern, von einer Familie, die weit zurückreicht!
Wenn wir alle zu einer Familie gehören, gefällt uns dann auch
immer das Gleiche, haben wir denselben Geschmack?
Und denken wir dann gleich?

Ein Kind ist eine große Person von morgen!

Caroline, 4 Jahre

Was ist ein gutes Geschenk?

Machen Geschenke ...

... immer Freude?

»Kleine Geschenke erhalten die Freundschaft.«

Sprichwort

Unter Freunden macht man sich oft kleine Geschenke – einfach so.
Bonbons, einen schönen Kieselstein, ein Bild oder sogar eines unserer Spielzeuge.
Aber bin ich mit jemandem befreundet, weil er mir etwas schenkt?

»Geschenke sind wie Ratschläge: Vergnügen bereiten sie vor allem dem, der sie gibt.«

Émile Henriot, französischer Schriftsteller

Warum freuen wir uns, wenn wir jemandem, den wir gern mögen, etwas schenken?
Man könnte das Geschenk doch auch behalten! Besonders, wenn es ein Spielzeug ist, das man selbst toll findet!
Vielleicht ist es so, dass man immer etwas zurückbekommt, wenn man schenkt?

»Ich fürchte meine Feinde –
selbst wenn sie mir Geschenke bringen.«

frei nach Vergil, römischer Dichter

Manchmal machen uns Leute Geschenke, die gar nicht
unsere Freunde sind. Komisch ... Warum schenken die uns etwas?
Weil sie müssen? Weil sie dafür etwas von uns haben wollen?
Beschenkt man nur Menschen, die man mag?

Zum Kindergeburtstag bringt man
ein Geschenk mit. Dann kann man damit
selbst spielen!

Alexander, 4 Jahre

Warum

muss man sich

anstrengen

?

Warum strengt man sich manchmal gar nicht gern an?

»Derjenige, der fliegen lernen will, muss erst mal lernen, auf beiden Beinen zu stehen. Man kann nicht mit dem Fliegen anfangen.«

Friedrich Nietzsche, deutscher Philosoph

Aufrecht stehen und gehen? Nichts leichter als das, sagst du bestimmt. Dabei war das nicht immer so! Als du ein Kleinkind warst, musstest du das alles erst einmal lernen. Das erste Mal, als du ein paar Schritte gegangen bist, ohne dich irgendwo festzuhalten, haben deine Eltern bestimmt geklatscht. Du hast dich sehr anstrengen müssen.

Aber muss man sich eigentlich immer anstrengen, um etwas zu lernen?

»Große Freuden kommen vom Himmel, kleine Freuden von der Anstrengung.«

Chinesisches Sprichwort

Manchmal erleben wir etwas ganz Besonderes, mit dem wir nicht gerechnet haben. Wir freuen uns umso mehr darüber, weil wir nichts dafür tun mussten.
Andere Male dagegen freuen wir uns, dass uns etwas gelingt – gerade, weil wir uns dafür so angestrengt haben.
Wenn wir mit viel Mühe und Aufwand eine Hütte aus Stöcken gebaut haben, sind wir stolz, wenn sie stehen bleibt.
Erreicht man eigentlich immer das, was man sich wünscht, wenn man sich Mühe gibt?

»Ohne Fleiß kein Preis.«
Sprichwort frei nach Hesiod, griechischer Dichter

Je mehr man sich anstrengt, desto eher gewinnt man. Wenn man zum Beispiel bei einem Wettrennen Erster sein will, muss man sich körperlich sehr anstrengen. Aber hat sich etwa die ganze Mühe nicht gelohnt, wenn man schließlich nicht gewinnt?

Ich geb mir nicht gern Mühe, das ist so anstrengend!

David, 5 Jahre

Was ist ein Freund ?

Was meinst du? Ist ein Freund jemand ...

... der so ähnlich ist wie du?

»Ohne Freunde möchte niemand leben.«
                    Aristoteles, griechischer Philosoph

Wenn man einen Freund hat, mit dem man sich gut versteht,
fühlt sich das Leben schöner und leichter an. Wenn man einen
Freund hat, ist man nicht einsam und man hat weniger Angst.
Mit einem Freund kann man ausgelassen lachen und spielen.
Einem Freund macht man gern eine Freude und
manchmal streitet man sich auch mit ihm.
Aber ist man nicht auch ab und zu gern allein?

Mit einer Freundin sind
die Freuden hundertmal größer
und die Traurigkeiten
hundertmal kleiner.

Marie, 5 Jahre

»Eine Erdnuss ist groß genug, dass zwei Freunde sie sich teilen können.«

Afrikanisches Sprichwort

Eine Erdnussschale enthält nicht viel: nur zwei kleine Erdnüsse! Und das soll ausreichen, um es sich mit seinem Freund zu teilen? Bedeutet das etwa, dass man seinem besten Freund immer etwas abgibt – selbst wenn zum Beispiel von dem Lieblingskuchen nur noch ein kleines Stückchen übrig ist?
Oder gibt es auch Dinge, die man mit niemandem teilen möchte, nicht einmal mit seinem besten Freund?

»Wenn ich sagen soll, warum ich meinen Freund liebte, so kann ich nur sagen: Weil's er war, weil's ich war.«

Michel de Montaigne, französischer Schriftsteller

Schwer zu sagen, warum zwei Menschen befreundet sind. Ist es, weil sie sich ähneln, oder gerade weil sie so unterschiedlich sind?
Wie sucht man seinen Freund aus? Warum geht man im Kindergarten oder auf dem Schulhof auf jenes Mädchen oder jenen Jungen zu? Weil sie aussehen, als könnte man mit ihnen Spaß haben? Oder weil sie schön sind?
Weiß man eigentlich nie, warum man mit jemandem befreundet ist?

Wozu sind Fehler gut ?

Was meinst du?
Wenn man etwas falsch macht, ist das dumm …

... oder interessant?

»Man macht nie einen Fehler, ohne
vorher einen Denkfehler gemacht zu haben.«

Jacques Prévert, französischer Schriftsteller

Klar, dass man sich geirrt hat, wenn man einen Fehler macht!
Man macht das ja nicht absichtlich, man wollte es doch richtig machen.
Wenn du beim Anziehen den rechten und den linken Schuh vertauschst,
schimpfen dich deine Eltern manchmal aus. Dabei hast du das ja nicht mit
Absicht gemacht! Aber kann man manche Fehler vielleicht auch vermeiden?

Falsch machen ist, wenn man den Pulli verkehrtrum anzieht,
wenn man beim Schreiben die Buchstaben vertauscht,
und wenn man „schmeckt mich" sagt.

Ina, 5 Jahre

»Aus Fehlern wird man klug.«
Sprichwort

Vielleicht helfen uns ja kleine Fehler dabei, das Richtige herauszufinden? Wenn wir uns irren, suchen wir nach einer anderen Lösung. Schritt für Schritt finden wir so den richtigen Weg heraus.
Wir lernen sogar, uns nicht mehr zu irren.
Wenn man zum ersten Mal seine Schnürsenkel zubindet, macht man das oft falsch. Dann fängt man noch mal von vorn an und schließlich kann man es!
Aber muss man sich zuerst immer irren, um schließlich etwas richtig zu machen?

»Was zu einer Zeit wahr ist, ist zu einer anderen falsch.«
frei nach Charles de Montesquieu, französischer Philosoph

Manchmal glauben die Menschen an etwas ganz fest und viele Jahre später stellt sich heraus, dass es falsch ist. Zum Beispiel hielt man früher die Erde für eine Scheibe. Später stellte man fest, dass die Erde eine Kugel ist. Vielleicht finden wir in ein paar Jahren heraus, dass vieles von dem, was wir zu Hause und in der Schule lernen, auch nicht stimmt ... Aber lohnt es sich dann überhaupt, es zu lernen? Gibt es nichts, was wir sicher wissen können?

Wozu

braucht man

einen Chef

?

Was meinst du, wozu braucht man einen …

... der den Takt angibt?

»Ein Chef braucht seine Männer,
und die Männer brauchen ihren Chef.«

Afrikanisches Sprichwort

Oft brauchen die Menschen einen Chef. Er hilft ihnen dabei,
Ideen zu entwickeln, er berät sie, wenn sie Fragen haben,
und führt sie, wenn sie nicht weiterwissen. Aber ein Chef
braucht auch die anderen. Sonst könnte er ja niemanden führen!
Auf dem Pausenhof gibt es oft einen Chef, der die Spiele
vorschlägt, und die anderen Kinder machen dann mit.
Aber braucht man wirklich für alles einen Chef?

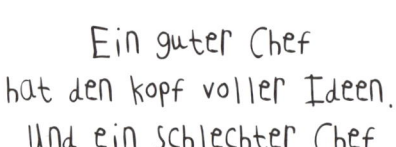

Ein guter Chef
hat den Kopf voller Ideen.
Und ein schlechter Chef
hat überhaupt keine Ideen!

Leo, 3 Jahre

»Wer die Erste Geige spielen will, muss immer den richtigen Ton treffen.«

Gerhard Uhlenbruck, deutscher Dichter und Mediziner

Ein Chef kann sich nicht alles erlauben. Er muss sich darum kümmern, dass es allen gut geht. Das Problem ist nur, dass nicht alle immer das Gleiche wollen. Manche Chefs entscheiden über alles ganz allein. So wie die Kinder auf dem Pausenhof, die die Spiele und die Regeln bestimmen. Pech für die anderen, wenn's ihnen nicht passt! Es gibt aber auch Chefs, die die anderen nach ihrer Meinung fragen. Dann sind alle zufrieden. Muss man also jedem Chef gehorchen, egal wie er sich benimmt?

»Auf dem höchsten Thron der Welt sitzen wir doch nur auf unserem Hintern.«

Michel de Montaigne, französischer Philosoph

Manchmal halten wir einen Chef für besser und stärker als alle anderen. Dabei ist ein Chef wie alle anderen: Er weint manchmal, hat Angst, macht Dummheiten und Fehler.
Kann denn eigentlich jeder ein Chef sein?

Warum lacht man andere aus ?

Macht Auslachen Spaß?

Oder tut es weh?

»Ein Kamel macht sich nicht über den Buckel eines anderen lustig.«

Sprichwort aus Guinea

Manchmal lachen wir jemanden aus, weil ihm etwas nicht gelingt, was wir schon können. Zum Beispiel den Freund, der gerade Skaten lernt und deswegen oft hinfällt, während man selbst schon sicher Slalom fahren kann.
Dabei mussten wir das auch irgendwann mal lernen!
Heißt das, dass man sich nie über jemanden lustig machen darf, dem etwas nicht gelingt?

»Man sollte die Hunde nicht ärgern, bis man das Dorf verlassen hat.«

Französisches Sprichwort

Hin und wieder kann es für einen selbst schlecht ausgehen, wenn man jemanden auslacht – auch bei kleinen Neckereien.
Wenn man zum Beispiel seinen Bruder hänselt, der gerade liest oder malt, kann der sich sehr ärgern oder einen sogar hauen!
Aber ist es richtig, sich über jemanden lustig zu machen, wenn man nichts riskiert?

»Der Mensch ist das einzige Lebewesen, das sich selbst auslacht.«

Robert Heinlein, amerikanischer Schriftsteller

Wenn wir über uns selbst lachen, ist es ein bisschen so, als könnten wir uns von außen betrachten. Wenn man sich vermalt oder vom Fahrrad fällt, ist es so, als schaute man sich beim Vermalen oder Fallen zu.
Anstatt uns zu ärgern, müssen wir darüber lachen.
Und dadurch werden die Dinge weniger schlimm.
Aber ist es immer leicht, über sich selbst zu lachen?

Mich haben sie mal ausgelacht, weil ich die Kerzen nicht auspusten konnte.

Lena, 4 Jahre

Was ist ein Traum ?

Sind Träume besser oder ...

... schlechter als die Wirklichkeit?

»Der Traum ist ein zweites Leben.«

Gérard de Nerval, französischer Schriftsteller

Manchmal kann ein Traum sehr eindrücklich sein – so wirklich wie das echte Leben! Man träumt, dass man Pipi macht, und wenn man aufwacht, ist das Bett nass.
Oder ein Traum ist so schön, dass man sich wünscht, er wäre wahr!
Wenn man zum Beispiel von einem Sieg beim Wettrennen träumt.
Oder dass man in einem Spielzeugladen oder in einer Konditorei wohnt.
Sind denn etwa Traum und Wirklichkeit das Gleiche?

»Mach aus deinem Leben einen Traum und aus dem Traum die Wirklichkeit.«

Antoine de Saint-Exupéry, französischer Schriftsteller und Pilot

Wenn man tief in seinem Inneren einen großen Lebenstraum hat, möchte man alles tun, damit er in Erfüllung geht. Vielleicht träumt man zum Beispiel als Kind davon, anderen Menschen zu helfen, und wird dann als Erwachsener Arzt, um sie zu heilen, oder Clown, um sie zum Lachen zu bringen.
Aber müssen alle Träume in Erfüllung gehen?

Morgens beim Aufwachen denkt man, dass die Monster angreifen ... Aber in Wirklichkeit sind es die Eltern!

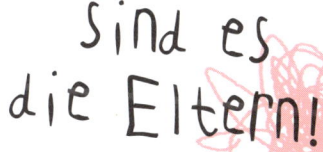

Matteo, 6 Jahre

Was
ist schön,
was
ist hässlich
?

Was meinst du?

Ist das schön? Ist das nicht schön?

»Neue Besen kehren gut.«
Sprichwort

Wenn man etwas Neues entdeckt, sieht man zuerst nur die guten Seiten. Du freust dich zum Beispiel, dass du endlich das ersehnte Kaninchen geschenkt bekommen hast. Es ist so süß, du spielst und kuschelst mit ihm und kannst es sogar spazieren führen. Und dann, langsam, merkst du, dass nicht alles nur schön ist mit deinem neuen Haustier: Du musst seine Köttel entfernen, den Stall sauber machen ...
Aber findest du dein Kaninchen deswegen weniger schön?

»Das Schöne ist immer sonderbar.«
Charles Baudelaire, französischer Schriftsteller

Manches findet man nicht von Anfang an schön: ein seltsames Gemälde, eine komische Pflanze, ein verrücktes Gebäude. Warum ist das wohl so? Vielleicht sehen diese Dinge zu ungewohnt aus? Deswegen denkt man zuerst: Wie hässlich sie sind. Und dann, je länger man sie anschaut, findet man sie plötzlich schön. Aber ist das immer so, dass einem etwas, das man zuerst hässlich fand, später gefällt?

Wenn etwas sehr, sehr schön ist,
muss man manchmal weinen.

Sofia, 4 Jahre

Wie

wird man

groß

?

Wie ist das, wenn man groß wird?

Verändert man sich? Bleibt man gleich?

»Ein kleiner Fisch wird einst auch groß.«

Jean de la Fontaine, französischer Dichter

Eines ist sicher: Niemand bleibt ewig klein. Alle Lebewesen auf der Erde wachsen und werden groß.
Aber bis dahin muss man warten und Geduld haben.
Man muss einsehen, dass man klein ist, aber dafür weiß man, es ist nicht für immer. Auch wenn du zum Beispiel heute noch nicht schwimmen kannst – eines Tages wirst du es können!
Aber kann man, wenn man groß ist, wirklich alles machen?

»Wer sich nicht ändert, wächst nicht.«

Sprichwort

Seit du ein Baby warst, hast du dich stark verändert:
Vorher konntest du noch nicht sprechen und auch nicht allein essen. Heute kannst du das.
Man wird gern größer, weil man immer mehr selber machen kann.
Aber wie ist das eigentlich:
Wird man, wenn man größer wird, auch als Mensch ganz anders oder bleibt man trotzdem der Gleiche?

»Man muss zittern, um groß zu werden.«

René Char, französischer Dichter und Widerstandskämpfer

Alles Neue kann auch ein bisschen Angst machen: Wie das erste Mal, wenn man ohne die Eltern woanders übernachtet, oder der erste Schultag ... Aber ist es nicht auch ein schön kribbeliges Gefühl, ein kleines bisschen Angst zu haben?

Groß wird man Schritt für Schritt. Man wacht nicht eines Tages auf und ist zwei Meter groß!

Philipp, 3 Jahre

Was

schmeckt

und was

schmeckt nicht

?

Kann etwas gut ...

... und zugleich nicht gut sein?

»Über Geschmack lässt sich nicht streiten.«

Sprichwort

Wer bestimmt, was gut und was schön ist?
Manche lieben Spinat, andere verabscheuen ihn.
Manche finden ein Bild wunderschön, andere finden es hässlich!
Jeder hat einen anderen Geschmack. Aber heißt das,
dass man Geschmäcker nicht kritisieren darf?

Das wäre traurig, wenn alle das
Gleiche mögen würden.
Außerdem könnten die Läden dann
nur noch Bonbons verkaufen...

Alexander, 4 Jahre

»Was uns anzieht, was uns entspricht, das halten wir für wahr; was uns widerspricht, für falsch und schlecht.«

Ludwig Feuerbach, deutscher Philosoph

Wenn man etwas sehr, sehr mag, meint man, dass alle anderen es genauso mögen müssten. Dabei geschieht manchmal genau das Gegenteil: Den Kuschelbär, den wir so lieben, finden die anderen alt und schäbig. Haben sie deshalb einen schlechten Geschmack? Vielleicht meinen die anderen, dass wir diejenigen sind, die keinen Geschmack haben?
Gibt es überhaupt so etwas wie einen guten und einen schlechten Geschmack?

»Der Geschmack besteht aus tausend Abneigungen.«

Paul Valéry, französischer Dichter

Unser Geschmack zeigt sich in dem, was wir mögen, und in dem, was wir nicht mögen.
Man mag zum Beispiel, was süß schmeckt oder säuerlich, und man mag nicht, was übel riecht oder eklig aussieht.
Aber bedeutet das, dass man seinen Geschmack niemals ändert?

Was

macht uns

glücklich

?

Was meinst du?

Was macht glücklich?

»Man weiß selten, was Glück ist,
aber man weiß meistens, was Glück war.«

Françoise Sagan, französische Schriftstellerin

Manchmal weiß man gar nicht, dass man glücklich ist.
Oder man merkt es erst dann, wenn man unglücklich ist.
Es ist gar nicht so einfach, das Glück zu erkennen:
Ein leckeres Eis? Mit seiner Mama kuscheln?
Viele Freunde haben? Unter einer weichen, warmen Decke schlafen?
Vielleicht ist man glücklich, wenn man ein bisschen von alldem hat?

Der Tag, wo ich der glücklichste Mensch auf Erden bin, ist mein Geburtstag.

Paolo, 6 Jahre

»Viele suchen ihr Glück, wie sie ihren Hut suchen, den sie auf dem Kopf tragen.«

Nikolaus Lenau, österreichischer Schriftsteller

Oft denken wir so fest an etwas, was uns glücklich machen könnte, dass wir darüber alles andere vergessen. Und das macht uns ganz unglücklich. Wir denken nur noch an das, was wir nicht haben – ein größeres Spielzeug, ein Paar neue Turnschuhe – und sehen gar nicht mehr das, was wir schon haben.
Muss man denn tatsächlich alles haben, was man sich wünscht, um glücklich zu sein?

»Jeder ist seines Glückes Schmied.«

Matthias Claudius, deutscher Dichter

Wie wäre es, wenn man sich jeden Tag beim Aufwachen sagte: „Heute werde ich glücklich sein!" – so wie eine Art Zauberformel? Kann man sich denn dafür entscheiden, glücklich zu sein?
Und wenn etwas Schlimmes passiert, zum Beispiel wenn jemand, den man liebt, krank wird, oder man umziehen muss. Kann man dann trotzdem glücklich sein?

Was ist gerecht?

Wenn man nicht das Gleiche hat …

... ist das gerecht? Oder ungerecht?

»Allein für sich kann man nicht gerecht sein.«

Maurice Merleau-Ponty, französischer Philosoph

Wenn man ganz allein auf der Welt wäre, müsste man nicht darüber nachdenken, ob etwas gerecht oder ungerecht ist. Man könnte alles haben, ohne teilen zu müssen, und zum Beispiel den ganzen Kuchen allein aufessen. Aber wir sind nicht allein auf der Welt. Wie schafft man es, gerecht zu teilen?

»Der Hund klaut, die Ziege wird bestraft.«

Afrikanisches Sprichwort

Der Hund macht eine Dummheit und die Ziege wird dafür bestraft. Das ist wirklich ungerecht! Manchmal wird man für Dinge bestraft, obwohl man nichts dafür kann. Das ist jedem schon mal passiert, dass man anstelle von jemand anderem bestraft worden ist. Dann fühlt man sich ungerecht behandelt.
Aber ist es überhaupt möglich, nie ungerecht zu sein?

»Ich will lieber eine Ungerechtigkeit begehen,
als Unordnung ertragen.«

Johann Wolfgang von Goethe, deutscher Dichter

Wenn großes Chaos herrscht und man für Ordnung sorgen möchte, muss man manchmal alle bestrafen. Auch die, die unschuldig sind! In der Schule zum Beispiel wird dann die ganze Klasse bestraft. Aber vielleicht gibt es für solche Situationen auch eine gerechtere Lösung?

Wenn ich eine ganz kleine Eiskugel habe
und mein Freund hat eine Riesenkugel –
das ist wirklich ungerecht!

Florian, 5 Jahre

Wie
ist das,
wenn man
tot ist
?

Was meinst du? Wenn man tot ist ...

... gibt es einen dann nicht mehr?

»Ein toter Löwe ist nicht so viel wert wie eine lebendige Mücke.«

Voltaire, französischer Philosoph

Das Leben zählt mehr als alles andere. Jedes Lebewesen zählt, selbst die kleine Mücke, die man kaum sieht und aus Versehen zerquetschen könnte. Allerdings kommt es vor, dass wir Tiere töten, zum Beispiel um sie zu essen.
Soll man Tiere also niemals töten?
Muss man immer das Leben achten?

»Wenn du das Leben aushalten willst, richte dich auf den Tod ein.«

Sigmund Freud, österreichischer Arzt und Begründer der Psychoanalyse

Niemand mag daran denken, dass man selbst oder ein Mensch, den man liebt, einmal sterben wird. Dabei gehört der Tod zum Leben dazu. Alles, was lebt, stirbt einmal: die Tiere, die Pflanzen, die Menschen. Wenn wir aber viel an den Tod denken, kann uns das das Leben schwer machen. Kann man denn leben, ohne an den Tod zu denken?

»Alle leben, an die wir denken. Sie sind erst wirklich tot, wenn niemand mehr sich ihrer erinnert.«

Hermann Hesse, deutscher Schriftsteller

Selbst wenn sie nicht mehr bei uns sind, bleiben die Toten in unserer Erinnerung und in Bildern lebendig: Da sind die Bilder, die wir von ihnen in unserem Kopf haben, aber auch Fotos von ihnen, Dinge, die sie zurückgelassen haben, Geschichten, die wir uns von ihnen erzählen.
Ob wir diese Menschen auch irgendwann wiedersehen?

Irgendwann sterbe ich, aber nicht für immer!

Max, 7 Jahre

Wie kann man die Natur schützen?

Muss man die Natur immer schützen?

»Wir können die Natur nur dadurch beherrschen, dass wir uns ihren Gesetzen unterwerfen.«

Francis Bacon, englischer Philosoph

Was soll das heißen? Müssen wir der Natur gehorchen, wenn wir etwas von ihr bekommen wollen? Es scheint so zu sein: Im Winter ist es oft zu kalt, um aus Samen Pflanzen zu ziehen. Aber wenn man die Samen zum richtigen Zeitpunkt, zum Beispiel im Frühjahr, sät, dann keimen sie.
Müssen wir uns also immer nach der Natur richten oder können wir ihre Gesetze ändern?

Ich mag die Natur gern anschauen, aber nicht so gern stören.

Nina, 4 Jahre

»Die Natur hat immer recht.«

Reinhold Messner, Extrembergsteiger aus Südtirol

Die Natur bringt unzählige Dinge hervor, gute und schlechte. Es gibt leckere Früchte, duftende Blumen, Tiere, die uns gefallen ... Aber es gibt eben auch Wirbelstürme, Schlangen, die beißen, giftige Pilze, gefährliche Krankheiten ... Wenn man von einem Kaktus gepikst wird, ist daran die Natur schuld?

»Die kleinste Bewegung ist für die ganze Natur von Bedeutung; das ganze Meer verändert sich, wenn ein Stein hineingeworfen wird.«

Blaise Pascal, französischer Philosoph

In der Natur hat alles seinen Platz. Nichts ist zufällig da und man kann das Gleichgewicht stören, wenn man auch nur eine Kleinigkeit verändert. Wenn man zum Beispiel alle Ameisen zerdrückt, haben die Tiere, die sich von ihnen ernähren, keine Nahrung mehr. Allerdings hat der Mensch schon immer in die Natur eingegriffen. Er hat Tunnel in den Berg geschlagen, um besser reisen zu können, er hat Wälder abgeholzt, um Felder anzulegen. Oft verletzt der Mensch die Natur. Aber ist er dazu nicht manchmal auch gezwungen?

Warum feiern wir ?

Was meinst du? Kann man überall ...

... und jederzeit feiern?

»Kein Feiertag, der kein Ende hätte.«

Chinesisches Sprichwort

Wenn man feiert, will man Spaß haben. Wir denken dann nicht an die Dinge, die uns sonst Sorgen machen. In den Ferien zum Beispiel kann man Sachen unternehmen, die man sonst nicht macht, und es ist ein bisschen so wie ein ganz langes Fest. Wenn keine Ferien sind, muss man dagegen jeden Morgen früh aufstehen und in den Kindergarten oder zur Schule gehen. Dann hat man das Gefühl, dass das „normale" Tage sind, eben Tage ohne Fest.

Aber wenn das ganze Jahr ein Fest wäre, würde man dann noch so gern feiern?

»Gib jedem Tag die Chance, der schönste deines Lebens zu werden.«

Indisches Sprichwort

Und wenn man sich jeden Tag sagt, dass das Leben ein Fest ist? Mit viel Spaß! Mit Überraschungen! Mit mehr Freude als Traurigkeit! Man könnte auch versuchen, an allen Dingen etwas Gutes zu finden, selbst an denen, auf die man gar keine Lust hat. Wenn man zum Beispiel zu der Tante fahren soll, die man nicht so gern mag, dann könnte man einfach verkleidet hingehen und, schwupps, würde der Besuch Spaß machen! Muss man denn an Tagen, an denen man nicht feiert, traurig sein und keinen Spaß haben?

Es gibt mein Geburtstagsfest, das Muttertagsfest, das Schulfest und dann die Feste, die ich erfinde: das Kussfest, das Monsterfest und

das Gutenachtfest!

Bennie, 6 Jahre

Warum geht man zur Schule ?

Was meinst du?
In der Schule und zu Hause – ist es das Gleiche?

Oder ist es anders?

»Wer eine Schultür öffnet, schließt ein Gefängnis.«

Victor Hugo, französischer Schriftsteller

Stimmt das? Wenn man in die Schule geht, kommt man später nicht ins Gefängnis? In der Schule lernt man viele wichtige Dinge: Man lernt nachzudenken und sich für andere zu interessieren, man lernt die Welt kennen. Man lernt auch Regeln kennen, die wichtig für ein gutes Zusammenleben sind: einander nicht hauen, die anderen respektieren, einander zuhören und unterstützen. All das hilft uns dabei, große Dummheiten zu vermeiden. Aber wenn man alle diese Regeln gelernt hat, macht man dann nie wieder eine Dummheit?

»Ich wüsste gern eine Schule, in der man lernt zu empfinden.«

Denis Diderot, französischer Philosoph

In der Schule lernt man viele neue Dinge. Aber man lernt auch nicht alles. Zum Beispiel lernt man nicht unbedingt, ein Kunstwerk zu mögen, die Musik zu lieben oder ein guter Freund zu sein.
Aber wie lernt man das dann alles?

Ich gehe zur Schule, weil ich klein bin.
Aber wenn ich groß bin, will ich weiter zur Schule gehen,
um Lehrerin zu sein!

Fanny, 5 Jahre

Wieso

hat man

manchmal

Angst

?

Was meinst du …

... was ist Angst?

»Wo die Angst ist, da ist der Weg.«

Japanisches Sprichwort

Manchmal versucht man sich vor anderen zu schützen, die einem Angst einjagen wollen, indem man ihnen als Erster Angst macht. Zum Beispiel so: „Mein Papa ist superstark. Er hat vor nichts Angst und kommt sofort und hilft mir, wenn mich jemand ärgert." Vielleicht haben wir Angst, weil wir uns klein fühlen? Aber hat man, wenn man groß ist, vor nichts mehr Angst?

Hahaha!

Ich habe so gern Angst!
Besonders bei den Gutenachtgeschichten,
die mein Papa mir vorliest.
Da weiß ich, dass sie
immer gut ausgehen!

Yasmin, 6 Jahre

»Wenn einer keine Angst hat, hat er keine Fantasie.«

Erich Kästner, deutscher Schriftsteller

Manchmal bekommen wir schon beim kleinsten Geräusch einen Riesenschreck. Der Schatten der Heizung sieht aus wie ein gruseliges Monster, das Ticktack des Weckers klingt, als käme jemand Fremdes immer näher.
Oft spielt uns unsere Fantasie einen Streich! Aber ist es deshalb dumm, Angst zu haben?

»Ich habe vor dem Tag Angst, an dem ich keine Angst mehr haben werde.«

Martine Delerm, französische Schriftstellerin

Ab und zu hat man Angst, ohne dass es einen Grund dafür gibt. Die Angst ist aber manchmal auch wie ein Alarmsignal, das uns auf eine Gefahr hinweist. Zum Glück hat man Angst vor den vorbeifahrenden Autos, wenn man eine Straße überqueren will. Zum Glück hat man Angst vor tiefen Schluchten, wenn man an einem Abgrund steht.
Würde man vielleicht große Dummheiten machen, wenn man vor gar nichts Angst hätte?

Wo
ist man,
bevor man
auf die Welt
kommt
?

Was meinst du?
Wo ist man, bevor man auf die Welt kommt?

»Warum gibt es überhaupt etwas und nicht nur das Nichts?«

frei nach Gottfried Wilhelm Freiherr von Leibniz, deutscher Philosoph

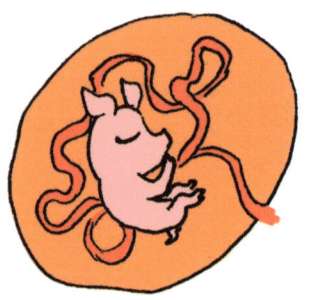

Alle Menschen, die großen wie die Kleinen, stellen sich irgendwann die Frage: Warum gibt es die Erde und wie ist sie entstanden? Die gleiche Frage stellt man sich auch über sich selbst. Man fragt sich, wo man war, bevor man geboren wurde: „Warum gibt es mich?" und „Woher komme ich?". Man weiß, zuerst war man im Bauch seiner Mama. Aber noch davor? Das ist ein großes Geheimnis! Aber sollte man deshalb aufhören, sich diese Fragen zu stellen?

»Was ist also diese Welt, und was machen wir hier?«

Alfred de Musset, französischer Schriftsteller

Wir haben es uns nicht ausgesucht, auf die Welt zu kommen und hier zu leben. Deshalb ist es ganz normal, wenn wir uns fragen, was wir hier sollen. Vielleicht ganz einfach unser Leben leben? Vielleicht leben wir ja auch, um herauszufinden, wozu wir auf der Welt sind?

»Das Nichts nach dem Tod? Ist das nicht der Zustand, den wir vor unserem Leben kannten?«

frei nach Arthur Schopenhauer, deutscher Philosoph

Wir wissen nicht, was vor unserem Leben war, wir wissen aber auch nicht, was danach kommt. Das sind die großen Rätsel des Lebens. Sie spornen uns an, zu forschen, zu entdecken, Fragen zu stellen und uns alles Mögliche vorzustellen. Dadurch wird das Leben spannender!
Aber ist es gut oder nicht so gut, nicht alles zu wissen?

Bevor ich im Bauch meiner Mama war?
Ich wartete irgendwo!
Im Himmel? Auf einem Stern? Im Meer?
Bei dem lieben Gott?

Iris, 4 Jahre

Warum

muss man

so oft auf etwas

warten

?

Was meinst du?

Ist Warten schwer auszuhalten oder spannend?

»Alles kommt zu dem von selbst,
der warten kann.«

Sprichwort

Wer geduldig ist, ist davon überzeugt, dass alles zur rechten Zeit kommt. Wer ungeduldig ist, findet, dass die Dinge nie schnell genug passieren! Auf den Bus warten, auf den Weihnachtsmann warten, warten, dass es aufhört zu regnen … Manchmal fühlt sich das wie eine Ewigkeit an. Kann man denn sicher sein, dass etwas wirklich passiert, wenn man nur lange genug wartet?

Es ist nicht das gleiche Warten,
ob man im Wartezimmer beim Arzt sitzt
oder ob man sich versteckt hat,
um die Vögel zu beobachten.

Anna, 4 Jahre

»Warten ist schwerer zu ertragen als Feuer.«

Arabisches Sprichwort

Warten kann schwer sein! Auf seinen Geburtstag warten, auf die Spielfreunde warten, auf Mama warten, die von der Arbeit heimkommt ...
Ist Warten umso schwerer, je stärker man sich etwas wünscht?

»Wichtig ist, dass man immer etwas hat, auf das man warten kann.«

Didier van Cauwelaert, französischer Schriftsteller

Eigentlich ist das Warten im Leben nicht nur lästig. Es weckt die Vorfreude darauf, eine Überraschung zu entdecken oder ein Geheimnis zu lüften.
Zu warten, dass der Vorhang im Theater hochgeht, auf das Ende einer Geschichte zu warten – das kann sehr aufregend sein.
Wenn man niemals auf etwas warten müsste, würde man sich dann vielleicht auch auf nichts mehr freuen?

Was

ist

Verliebtsein

?

Macht Verliebtsein glücklich?

Oder macht es traurig?

»Das Herz hat seine Gründe, die die Vernunft nicht kennt.«

Blaise Pascal, französischer Philosoph

Schwer zu sagen, warum man jemanden liebt.
Oft weiß man ja noch nicht einmal, warum man mit jemandem befreundet ist! Da ist das Verliebtsein noch viel geheimnisvoller.
Ist man verliebt, weil der andere so schöne Haare hat?
Oder so leuchtende Augen? Weil der andere so lustig ist?
Dabei kennt man noch andere Menschen, die schöne Haare und leuchtende Augen haben oder lustig sind, und in die ist man nicht unbedingt verliebt.
Kann man also nie wirklich herausfinden, warum man verliebt ist?

»Ich höre deine Stimme in allen Geräuschen dieser Welt.«

Paul Éluard, französischer Dichter

Wenn man in jemanden verliebt ist, denkt man dann immerzu an ihn? So als säße er in unserem Kopf? Man wünscht sich so sehr, mit dem geliebten Menschen zusammen zu sein, dass man ihn überall sieht. Und wenn man die ganze Zeit an jemanden denkt, ist man dann auf jeden Fall in diesen Menschen verliebt?

»Liebe und Eifersucht kommen immer zusammen.«

Italienisches Sprichwort

Wenn wir lieben, möchten wir oft, dass der andere nur uns liebt.
Und vor allem niemanden so sehr wie uns.
Wenn der Mensch, den wir lieben, etwas zusammen mit jemand anderem unternimmt, tut das manchmal weh.
So als hätten wir Angst, dass er uns vergisst.
Kann man denn auch eifersüchtig sein, wenn man nicht verliebt ist?

Wenn die Liebe enden kann
wie durch einen Zauber,
dann möchte ich
niemals verliebt sein!

Jonas, 6 Jahre

Warum

langweilt

man sich

ab und zu

?

Sich langweilen …

... ist das doof? Oder ist das gut?

»Ist das Leben nicht hundertmal zu kurz für die Langeweile?«

Friedrich Nietzsche, deutscher Philosoph

Sobald man nichts mehr zu tun oder zu spielen hat und die Eltern keine Zeit für einen haben, packt einen manchmal die Langeweile.
Aber muss man immer etwas zu tun haben, um sich nicht zu langweilen?

Wenn ich mich langweile, warte ich, dass die Ideen in meinem Kopf landen.

Pauline, 5 Jahre

»Ich glaube, nun weiß ich, wofür die Woche da ist:
um sich von der Langweiligkeit des Sonntags zu erholen.«

Mark Twain, amerikanischer Schriftsteller

Oft langweilt man sich, weil man allein ist und niemand da ist, mit dem man Spaß haben könnte: sonntags zum Beispiel, wenn es draußen kalt ist und man keine Freunde zu Besuch hat.
Muss man sich denn immer langweilen, wenn man allein ist?

»Menschen mit Fantasie langweilen sich nie.«

Jakob Bosshart, schweizerischer Schriftsteller

Wenn man nichts zu tun hat, langweilt man sich manchmal. Dabei kann man träumen oder nachdenken ... und schon kommen die Ideen tief aus unserem Innern! Ideen, die die Langeweile vertreiben. Wenn man einen Vogel davonfliegen sieht, kann man sich zum Beispiel vorstellen, dass man Flügel hat, dann malt man oder denkt sich Spiele aus.
Kann man vielleicht sogar lernen, sich nicht zu langweilen?

Wozu

ist ein

Wutanfall

gut

?

Sind Wutanfälle gut?

Oder sind sie nicht gut?

»Zorn ist ein schlechter Ratgeber.«
Sprichwort

Wut ist wie eine Bombe, die explodiert. Manchmal kann man so zornig werden, dass man sich nicht wiedererkennt. Man verwandelt sich in einen anderen Menschen – einen Menschen, der nicht mehr nachdenkt. Man schimpft und sagt Dinge, die man nicht meint. Deshalb schämt man sich nach einem Wutanfall auch so oft. Sind denn Wutanfälle niemals sinnvoll?

Wenn ich ganz wütend bin, werde ich zum Drachen. Wenn die Wut verschwindet, bin ich ganz plemplem.

Sascha, 6 Jahre

»Zorn ist der Stachel zu großen Taten.«
Sprichwort

Hin und wieder muss man wütend werden.
Der Zorn kann uns in manchen Situationen helfen.
Zum Beispiel, wenn es uns schwerfällt, „Nein"
zu sagen.
Aber erreicht man immer das, was man möchte,
indem man wütend wird?

»Das stärkste Mittel gegen
den Zorn ist der Aufschub.«
Seneca, römischer Philosoph und Schriftsteller

Wut ist wie ein plötzlich aufflammendes Feuer.
Und löschen kann man dieses Feuer am besten
mit Worten! Wenn wir miteinander reden,
können wir den Wutausbruch abmildern oder
sogar verhindern. So können wir das, was uns
zornig macht, erklären, statt es hinauszuschreien.
Aber hilft der Zorn uns nicht auch, schwierige
Dinge zu sagen, die wir sonst nicht sagen könnten?

Was

ist

Denken

?

Panel 1:

Wolf: Aber für mich ist Denken, wenn ich mir zum Beispiel vorstelle, dass auf den Planeten ganz viele außerirdische Wesen leben.

Schwein: Ich denke so gern an meine Mama, wenn ich nicht bei ihr bin. Dann ist das so, als wäre sie ein bisschen da, seufz.

Küken: Ach so? Vielleicht entsteht in uns ja eine Welt von Bildern, wenn wir denken?

Panel 2:

Wolf: He, ratet mal, woran ich gerade denke?

Katze: Das können wir doch gar nicht wissen. Was siehst du denn in deinem Kopf, Wolf?

Maus: Zuerst sieht man in seinem Kopf Ideen und danach kann man sie erzählen.

Panel 3:

Wolf: Gut, dass ihr fragt ... Ich denke jetzt schon viel zu lange daran, in das Ding da hinten zu klettern!

Schwein: Au ja! Gute Idee!

Küken: Aha, scheinbar macht uns das Denken auch Lust darauf, Dinge zu unternehmen ...

Was meinst du ...

... was geschieht beim Denken?

»Der Mensch ist nur ein Schilfrohr, das Schwächste der ganzen Natur, aber er ist ein denkendes Schilfrohr.«

Blaise Pascal, französischer Philosoph und Forscher

Ein Schilfrohr ist ein langes Grasrohr, das sich im Wind wiegt und das sehr zerbrechlich wirkt. In der freien Natur geht es dem Menschen ähnlich: Neben einem Tiger oder einem Elefanten sieht er ebenso zerbrechlich aus. Aber einen Vorteil hat er: seinen Kopf! Er kann denken, überlegen, erfinden ... Und das kann er besser als die Tiere. Sind denn die Pflanzen und die Tiere weniger wichtig, weil sie nicht so gut denken können?

Denken ist, wenn man sich den Kopf kratzt, um zu überlegen!

Paul, 6 Jahre

»Ich denke, also bin ich«

René Descartes, französischer Philosoph

Manchmal, wenn man den Kindergarten, die Schule, sein Zuhause oder seine Straße betrachtet, fragt man sich: „Und wenn das alles nur ein Traum wäre? Vielleicht gibt es das ja in Wirklichkeit gar nicht?" Schließlich können Träume der Wirklichkeit sehr nahekommen.
Aber selbst wenn es ein Traum wäre, sind doch wir diejenigen, die ihn träumen. Wir sind die, die denken. Das ist der Beweis dafür, dass wir leben.
Gibt es denn noch andere Beweise dafür, dass wir da sind?

»Die kürzesten Wörter, nämlich ›ja‹ und ›nein‹, erfordern das meiste Nachdenken.«

Pythagoras von Samos, griechischer Philosoph

Wozu ist Denken gut? Für vielerlei, aber auch dazu, „Nein" zu sagen, wenn man mit etwas nicht einverstanden ist! Zum Beispiel, wenn ein Freund uns zu einer Dummheit überreden will. Dann können wir nachdenken, entscheiden, dass wir das nicht richtig finden, und es nicht machen!
Darf man also immer „Nein" sagen, wenn man denkt, dass etwas nicht gut ist?

Empfohlen vom Kindermagazin HOPPLA

Furlaud, Sophie/Pettier, Jean-Charles/de Monfreid, Dorothée/Bravi, Soledad:
Warum ist das so?
Aus dem Französischen von Kristina Petersen
ISBN 978 3 522 30231 9

Die Originalausgabe erschien unter dem Titel »Les petits philosophes« © Bayard Editions, 2009
Texte zu den Bildgeschichten: Sophie Furlaud,
das Kapitel »Was ist ein Traum?« stammt von der Autorin Marine Gérald
Zitatauswahl und Erklärungen: Sophie Furlaud, Jean-Charles Pettier
Illustrationen zu den Bildgeschichten und doppelseitige Illustrationen
bis inklusive Seite 89: Dorothée de Monfreid
Doppelseitige Illustrationen ab Seite 96: Soledad Bravi
Umschlagtypografie: Michael Kimmerle, Stuttgart
Innentypografie: Marlis Maehrle, Winnenden
Schrift: Kosmik und BaaBookHmK
Reproduktion: Photolitho AG, Gossau/Zürich
Druck und Bindung: Korotan, Ljubljana
© der deutschen Ausgabe 2010 by Gabriel Verlag (Thienemann Verlag GmbH), Stuttgart/Wien
Printed in Slovenia. Alle Rechte vorbehalten.

5 4 3 2 1° 10 11 12 13

www.gabriel-verlag.de